LA MORT DE CESAR,

TRAGEDIE

DE M. DE VOLTAIRE.

NOUVELLE EDITION,

Revuë, corrigée & augmentée par l'Auteur.

Avec un Avertissement & une Lettre à ce sujet.

Imprimée A LONDRES chez INNIS
Et se vend, A PARIS,
Chez JEAN-BAPTISTE-CLAUDE BAUCHE, à la descente du Pont-neuf, près les Augustins, à S. Jean dans le Désert.

M. DCC. XXXVI.

AVERTISSEMENT.

IL Y A près de huit années que plusieurs personnes prierent l'Auteur de la Henriade de leur faire connoître le génie & le goût du Théâtre Anglois. Il traduisit en Vers une Scene de Jules Cesar de Shakespear, dans laquelle Antoine expose aux yeux du peuple Romain le Corps sanglant de Cesar. Cette Scene Angloise passe pour un des morceaux les plus frappans & les plus patétiques qu'on ait jamais mis sur aucun Théâtre. Le Peuple Romain conduit de la haîne à la pitié & à la vengeance par la Harangue d'Antoine, est un spectacle digne de tous ceux qui aiment véritablement la Tragedie.

Les Amis de Monſieur de V . . . . le prierent de donner une traduction du reſte de la piece : mais c'étoit une entrepriſe impoſſible. Shakeſpear pere de la Tragedie Angloiſe, eſt auſſi le pere de la barbarie qui y régne. Son génie ſublime ſans culture & ſans goût, a fait un cahos du Théâtre qu'il a créé.

Ses pieces ſont des monſtres dans leſquelles il y a des parties qui ſont des chef-d'œuvres de la Nature. Sa Tragedie intitulée *La Mort de Ceſar*, commence par ſon triomphe au Capitole, & finit par la mort de Brutus & Caſſius à la bataille de Philippes. On aſſaſſine Ceſar ſur le Théâtre. On voit des Sénateurs bouffonner avec la lie du peuple: C'eſt un mélange de ce que le Tragique a de plus terrible, & de ce que la farce a de plus bas. Je ne fais que répeter ici ce que j'ai ſouvent oüi dire à celui dont je donne l'Ouvrage au Public. Il ſe détermina pour ſatisfaire ſes amis à faire un Jules Ceſar, qui ſans reſſembler à celui de Shakeſpear fût pourtant tout entier dans le goût Anglois. On dit que c'eſt la premiere parmi celles qui méritent d'être connuës où l'on n'ait point introduit de femmes. A peu-près dans ce tems-là, le noble Vénitien Monſieur l'Abbé Conti, qui joint le talent de la Poëſie à la Philoſophie la plus ſublime, avoit fait imprimer ſa Tragedie Italienne de la mort de Jules Ceſar. Le feu Duc de Boukinkam, Pere de celui qui vient de mourir à Rome, en fit auſſi une ſur le même ſujet. Ces quatre Tragedies entierement différentes les unes des autres, ſe reſſemblent en un ſeul point, c'eſt qu'elles ſont toutes ſans amour.

On joüa il y a environ trente ans une Tragedie de la mort de Ceſar ſur le Théatre des Comédiens François, & on ne manqua pas de rendre Ceſar & Brutus amoureux.

C'eſt aux gens de Lettres, Etrangers & François, à qui nous preſentons ce petit Ouvrage de M. de V... à juger s'il a mieux fait de peindre ces deux grands hommes tels qu'ils étoient, que de donner ſous leurs noms des François galans.

Cette Tragedie qui n'a jamais été deſtinée au Théâtre de Paris fut répréſentée il y a quatre ans à l'Hôtel de Saſſenage, & très-bien executée : mais la Scene de Shakeſpear, dans laquelle Antoine monte à la Tribune aux Harangues, pour faire voir au peuple la Robe ſanglante de Ceſar, ne pût être repreſentée à cauſe du petit eſpace du Théâtre, qui ſuffiſoit à peine au petit nombre d'Acteurs qui jouent dans cette piece.

Elle fut jouée depuis au College d'Harcourt par les Penſionnaires de ce College avec une intelligence & une dignité peu ordinaire à l'âge des Acteurs. L'Auteur auroit ſans doute été très-ſatisfait, s'il avoit pû voir cette repréſentation.

La Tragedie tranſcrite à la hâte au College d'Harcourt a été imprimée furtivement. On croiroit preſque que l'Editeur & l'Imprimeur ont diſputé à qui feroit le plus de fautes. C'eſt ce qui a déterminé l'Auteur à faire une Edition de cet Ouvrage, qu'il étoit résolu de ne point faire paroître, parce qu'il lui manque pour le soutenir l'illusion du Théâtre : secours si nécessaire à ce genre de Poësie. C'est au Public à l'aprécier ce qu'il vaut ; les louanges des amis & les critiques des ennemis sont également inutiles devant ce tribunal. Je sçai que bien des gens se récrient sur l'atrocité de Brutus qui tue Cesar, quoiqu'il le connoisse pour son Pere. Mais on les prie de se souvenir que chez les Romains l'amour de la liberté étoit poussé jusqu'à la fureur, & qu'un parricide dans certaines circonstances étoit regardé comme une action de courage & même de vertu. Nous avons parmi les Lettres de Ciceron une Lettre de ce même Brutus, dans laquelle il dit qu'il tueroit son Pere pour le salut de la République ; & d'ailleurs la Tragedie, & sur-tout la Tragedie Angloise, n'est pas faite pour des choses à demi terribles.

Nous ajoutons à cet Avertissement une

Lettre de Monſieur le Marquis Algaroti, qui à l'âge de 24 ans eſt déja regardé comme un bon Poëte, un bon Philoſophe, & un Sçavant. Son eſtime & ſon amitié pour Monſieur de V.... leur fait honneur à tous deux.

LETTRE DE M^r. *N...* A M^r. *N...*

Sur la Tragédie de Jules-César, par M. de Voltaire.

J'AI differé jusqu'à présent, Monsieur, de vous envoyer le Jules-César que vous me demandez, pour vous faire part de celui de M. de Voltaire.

L'édition qu'on en a faite à Paris il y a quelques mois, est très-informe. On y reconnoît assez la main de quelqu'un du genre de ceux que Petrone appelle *Doctores Umbratici*. Elle est défectueuse au point qu'on y trouve des vers qui n'ont pas le nombre de sillabes nécessaire. Cependant la Critique a jugé cette piece avec la même sévérité, que si M. de Voltaire l'eût donnée lui-même au Public. Ne seroit-il pas injuste d'imputer au Titien le mauvais coloris d'un de ses Tableaux barbouillés par un Peintre moderne?

J'ai été aſſez heureux pour qu'il m'en ſoit tombé entre les mains un Manuſcrit digne de vous être envoyé ; & voilà enfin le Tableau tel qu'il eſt ſorti des mains du Maître. J'oſe même l'accompagner des Réfléxions que vous m'avez demandées.

Il faudroit ignorer qu'il y a une Langue Françoiſe & un Théatre pour ne pas ſçavoir à quel dégré de perfection Corneille & Racine ont porté le Dramatique. Il ſembloit qu'après ces grands Hommes, il ne reſtoit plus rien à ſouhaiter, & que tâcher de les imiter, étoit tout ce qu'on pouvoit faire de mieux. Déſira-t-on quelque choſe dans la peinture après la Galathée de Raphaël ? Cependant la célebre Tête de Michel Ange dans le Petit Farneſe donna l'idée d'un genre plus terrible & plus fier auquel cet Art pouvoit être élevé. Il ſemble que dans les beaux Arts on ne s'apperçoit qu'il y avoit des vuides qu'après qu'ils ſont remplis. La plûpart des Tragédies de ces Maîtres, ſoit que l'action ſe paſſe à Rome, à Athene, ou à Conſtantinople, ne contient qu'un mariage concerté, traverſé, ou rompu. On ne peut s'attendre à rien de mieux dans ce genre, où l'amour donne avec un ſouris ou la paix ou la guerre. Il me paroit qu'on pourroit donner au Dramatique un ton ſupérieur à celui-ci. Le Jules-Céſar m'en eſt une preuve; l'Auteur de la tendre Zaïre ne reſpirant ici que des ſentimens d'ambition, de vengeance & de liberté.

La Tragédie doit être l'imitation des grands Hommes. C'eſt ce qui la diſtingue de la Comédie; mais ſi ces actions qu'elle repréſente, ſont auſſi des plus grandes, cette diſtinction n'en ſera que plus marquée, & l'on peut atteindre par ce moyen à un genre ſupérieur. N'admire-t-on pas davantage Marc Antoine à Philippes qu'à Actium. Je ne doute pourtant pas que ces raiſons ne puiſſent eſſuyer de fortes contradictions. Il faudroit avoir bien peu de connoiſſance de l'homme pour ne pas ſçavoir que les préjugés l'emportent preſque toujours ſur la raiſon, & ſurtout les préjugés autoriſés par un ſexe qui impoſe une loi qu'on ſuit toujours avec plaiſir.

L'amour eſt depuis trop long-tems en poſſeſſion du Théatre François, pour ſouffrir que d'autres paſſions y prennent ſa place. C'eſt ce qui me fait croire que le Jules-Céſar pourroit bien avoir le même ſort que les Thémiſtocles, les Alcibiades & les autres grands Hommes d'Athene admirés de toute la terre, pendant que l'Oſtraciſme les banniſſoit de leur Patrie.

M. de Voltaire a imité en quelques endroits Shakeſpear Poëte Anglois qui a réuni dans la même piece les puérilités les plus ridicules & les morceaux les plus ſublimes. Il en a fait le même uſage que Virgile faiſoit des Ouvrages d'Ennius; il a imité de l'Auteur Anglois les deux dernieres ſcenes qui ſont deux des plus beaux modeles d'Eloquence qu'il y ait au Théatre.

Quum flueret lutulentus, erat quod tollere velles.

N'eſt-ce point un reſte de barbarie en Europe

de vouloir que les bornes que la politique & la fantaisie des hommes ont prescrites pour la séparation des Etats, servent aussi de limites aux Sciences & aux beaux Arts, dont les progrès pourroient s'étendre par un commerce mutuel des lumieres de ses Voisins. Cette Réfléxion convient même mieux à la Nation Françoise qu'à toute autre. Elle est dans le cas de ces Auteurs dont le public exige plus à mesure qu'il en a plus reçu; elle est si généralement polie & cultivée, que cela met en droit d'exiger d'elle que non seulement elle approuve, mais qu'elle cherche même à s'enrichir de ce qu'elle trouve de bon chez ses Voisins.

Tros Rutulusve fuat, nullo discrimine habeto.

Une objection dont je ne vous parlerois pas, si je ne l'eusse entendu faire, est sur ce que cette Tragédie n'est qu'en trois Actes. C'est dit-on pécher contre le Théatre, qui veut que le nombre des Actes soit fixé à cinq. Il est vrai qu'une des Regles, est qu'à toute rigueur la représentation ne dure pas plus de tems que n'auroit duré l'action, si véritablement elle fût arrivée. On a borné avec raison le tems à trois heures, parce qu'une plus longue durée lasseroit l'attention, & empêcheroit qu'on ne pût réunir aisément dans le même point de vuë les différentes circonstances de l'action qui se passe. Sur ce principe on a divisé les Actes en cinq pour la commodité des Spectateurs & de l'Auteur, qui peut faire arriver dans ces intervalles quelque événement nécessaire au nœud ou au dénouement de la piece. Toute l'objection se réduit donc à n'avoir fait durer l'action du César que deux heures au lieu de trois. Si ce n'est pas un défaut, la division des Actes n'en doit pas être un non plus, puisque la même raison qui veut qu'une action de trois heures soit partagée en cinq Actes, demande aussi qu'une action de deux heures ne le soit qu'en trois. Il ne s'ensuit pas de ce que la plus grande étendue qui a été prescrite, est

eſt de trois heures, qu'on ne puiſſe pas la rendre moindre ; & je ne vois point pourquoi une Tragédie aſſujettie aux trois unités, d'ailleurs pleine d'intérêts, excitant la terreur & la compaſſion ; enfin faiſant en deux heures ce que les autres font en trois, ne ſeroit pas une excellente Tragédie. Une Statue dans laquelle les belles proportions & les autres regles de l'Art ſont obſervées, ne laiſſe pas d'être une belle Statuë, quoiqu'elle ſoit plus petite qu'une autre, faite ſur les mêmes Regles. Je ne crois pas que perſonne trouve la Venus de Medicis moins belle dans ſon genre, que le Gladiateur, parce qu'elle n'a que quatre pieds de hauteur, & que le Gladiateur en a ſix. M. de Voltaire a peut-être voulu donner à ſon Céſar moins d'étendue que l'on en donne communément aux Pieces Dramatiques, pour ſonder le goût du Public par un eſſai, ſi l'on peut appeller de ce nom une Piece auſſi achevée. Il s'agit pour cela d'une révolution dans le Théatre François, & c'eût été peut-être trop hazarder, que de commencer par parler de liberté & de politique trois heures de suite à une Nation accoutumée à voir soupirer Mitridate, sur le point de marcher vers le Capitole. On doit tenir compte à M. de Voltaire de ce ménagement, & ne lui point faire d'ailleurs un crime de n'avoir mis ni amour, ni femmes dans sa Piece : nées pour inspirer la molesse & les sentimens, elles ne pourroient joüer qu'un rôle ridicule entre Brutus & Cassius, *atroces animæ*. Elles en joüent de si brillants par tout ailleurs qu'elles ne doivent pas se plaindre de n'en avoir aucun dans le César. Je ne vous parlerai point des beautés de détail qui sont sans nombre dans cette Piece, ni de la force de la Poësie, pleine d'Images & de Sentimens. Que ne doit-on pas attendre de l'Auteur de Brutus & de la Henriade? La Scene de la conspiration me paroît des plus belles & des plus fortes qu'on ait encore vuës sur le Théatre ; elle fait voir en action ce qui jusqu'à présent ne s'étoit presque toujours passé qu'en récit.

Segnius irritant animos demissa per aures,
Quamquæ sunt oculis subjecta fidelibus.

La Mort même de César se passe presqu'à la vue des Spectateurs ; ce qui nous épargne un récit qui, quelque beau qu'il fût, ne pourroit qu'être froid : ces événemens & les circonstances qui l'accompagnent étant trop connues de tout le monde.

Je ne puis assez admirer combien cette Tragédie est pleine de choses, & combien les caracteres sont grands & soûtenus. Quel prodigieux contraste entre César & Brutus ? Ce qui d'ailleurs rend ce sujet extrémement difficile à traiter ; c'est l'art qu'il faut pour peindre d'un côté Brutus avec une vertu feroce à la vérité, & presque ingrat ; mais ayant en main la bonne cause ; au moins selon les apparences, & par rapport aux tems où l'Auteur nous transporte ; & de l'autre côté César rempli de clemence, & des vertus les plus aimables, comblant de bienfaits ses ennemis, mais voulant opprimer la liberté de sa Patrie.

Il faut intereſſer également pour tous les deux pendant le cours de la Piece, quoiqu'il ſemble que les paſſions doivent s'entre-nuire & ſe détruire réciproquement à la fin, comme feroient deux forces égales & oppoſées, & par conſéquent ne produire aucun effet, & renvoyer les Spectateurs ſans agitation. Ce ſont ces réflexions qui ont fait dire à un homme du métier * qu'il regardoit ce ſujet comme l'écueil des Poëtes Tragiques, & qu'il l'auroit propoſé volontiers à quelqu'un de ſes Rivaux. Il ſemble que M. de Voltaire non content de ſes difficultés, en ait voulu faire naître de nouvelles, en faiſant Brutus fils de Ceſar, ce qui d'ailleurs eſt fondé ſur l'Hiſtoire. Il a auſſi trouvé par-là le moyen de ſe ménager de très-belles ſituations, & de jetter dans

* M. Martelli qui a écrit beaucoup de Tragédies en Italien, il s'eſt ſervi d'une nouvelle eſpece de vers rimez qu'il avoit imaginée d'après les vers Alexandrins. Cette nouveauté n'a pas été favorable à ſes Pieces.

ſa Piéce un nouvel intérêt, qui ſe réünit tout entier à la fin pour Ceſar. La Harangue d'Antoine produit cet effet; & elle eſt à mon avis le modele de l'éloquence la plus ſéduiſante. Enfin, je crois que l'on peut dire avec vérité, que M. de Voltaire a ouvert une nouvelle carriere, & qu'il atteint le but en même tems.

LA MORT DE CESAR,

TRAGEDIE

DE M. DE VOLTAIRE.

PERSONNAGES.

CESAR, Dictateur.

MARC-ANTOINE, Consul.

DOLABELLA, Ami de Cesar.

JUNIUS-BRUTUS, }
CASSIUS, }
CASCA, } Conjurés.
CIMBER, }
CINNA, }
DECIMUS. }

LES ROMAINS.

LICTEURS.

La Scene est à Rome au Capitole.

LA

LA MORT DE CESAR,

TRAGEDIE.

ACTE PREMIER.

SCENE PREMIERE.

CESAR, ANTOINE.

ANTOINE.

CESAR, tu vas régner, voici le jour auguſte
Où le peuple Romain, pour toi toûjours injuſte,
Changé par tes vertus, va reconnoître en toi
Son vainqueur, ſon appui, ſon vangeur, & ſon Roi.
Antoine, tu le ſçais, ne connoît point l'envie.

J'ai chéri plus que toi, la gloire de ta vie ;
J'ai préparé la chaîne où tu mets les Romains,
Content d'être ſous toi le ſecond des humains,
Plus fier de t'attacher ce nouveau Diadême,
Plus grand de te ſervir, que de régner moi-même.
Quoi ! tu ne me réponds que par de longs ſoupirs !
Ta grandeur fait ma joie, & fait tes déplaiſirs.
Roi de Rome & du monde, eſt-ce à toi de te
plaindre ?
Ceſar doit-il gemir, ou Ceſar doit-il craindre ?
Qui peut à ta grande ame inſpirer la terreur ?

CESAR.

L'amitié, cher Antoine : il faut t'ouvrir mon cœur.
Tu ſçais que je te quitte, & le deſtin m'ordonne
De porter nos Drapeaux aux champs de Babylône.
Je pars, & vais venger ſur le Parthe inhumain
La honte de Craſſus, & du peuple Romain.
L'Aigle des Légions que je retiens encore
Demande à s'envoler vers les mers du Boſphore,
Et mes braves ſoldats n'attendent pour ſignal,
Que de revoir mon front ceint du bandeau royal.

Peut-être avec raiſon Ceſar peut entreprendre
D'attaquer un pays qu'a ſoumis Aléxandre.
Peut-être les Gaulois, Pompée & les Romains
Valent bien les Perſans ſubjugués par ſes mains.
J'oſe au moins le penſer, & ton ami ſe flate
Que le vainqueur du Rhin peut l'être de l'Euphrate:
Mais cet eſpoir m'anime & ne m'aveugle pas,
Le ſort peut ſe laſſer de marcher ſur mes pas:
La plus haute ſageſſe en eſt ſouvent trompée,
Il peut trahir Ceſar, après le grand Pompée.
Parmi les factions, le trouble & les combats,
Du triomphe à la chute, il n'eſt ſouvent qu'un pas.
J'ai ſervi, commandé, vaincu quarante années;
Du monde entre mes mains j'ai vû les deſtinées,
Et j'ai toûjours connu qu'en chaque évenement,
Le deſtin des Etats dépendoit d'un moment.
Quoiqu'il puiſſe arriver, mon cœur n'a rien à craindre.
Je vaincrai ſans orgueil, ou mourrai ſans me plaindre:

Mais j'exige en partant de ta tendre amitié
Qu'Antoine à mes enfans soit pour jamais lié :
Que Rome par mes mains défenduë & conquise,
Que la terre à mes fils, comme à toi soit soumise,
Et qu'emportant d'ici le grand titre de Roi,
Mon sang, & mon ami le prennent après moi.
Je te laisse aujourd'hui ma volonté derniere,
Antoine à mes enfans il faut servir de pere.
Je ne veux pas de toi demander des sermens,
De la foi des humains sacrés & vains garans.
Ta promesse suffit, & je la crois plus pure
Que les autels des Dieux entourés du parjure.

ANTOINE.

C'est déja pour Antoine une assez dure loi,
Que tu cherches la guerre & le trépas sans moi,
Et que ton intérêt m'attache à l'Italie,
Quand la gloire t'apelle aux bornes de l'Asie.
Je m'afflige encor plus de voir que ton grand cœur
Doute de sa fortune & présage un malheur :
Mais je ne comprens point ta bonté qui m'outrage :

Cefar, que me dis-tu de tes fils, de partage ?
Tu n'as de fils qu'Octave, & nulle adoption
N'a d'un autre Cefar appuyé ta maifon.

CESAR.

Il n'eft plus tems, ami, de cacher l'amertume,
Dont mon cœur paternel en fecret fe confume.
Octave n'eft mon fang qu'à la faveur des loix.
Je l'ai nommé Cefar, il eft fils de mon choix.
Le deftin, dois-je dire, ou propice ou fevére,
D'un véritable fils en effet m'a fait pere,
D'un fils que je chéris, mais qui pour mon malheur
A ma tendre amitié répond avec horreur.

ANTOINE.

Et quel eft cet enfant ? Quel ingrat ! peut-il être
Si peu digne du fang, dont les Dieux l'ont fait naître ?

CESAR.

Ecoute : Tu connois ce malheureux Brutus,
Dont Caton cultiva les farouches vertus,
De nos antiques Loix ce défenfeur auftere,
Ce fatal ennemi du pouvoir arbitraire,

Qui toûjours contre moi, les armes à la main,
De tous mes ennemis a ſuivi le deſtin,
Qui fut mon priſonnier aux champs de Theſſalie;
A qui j'ai, malgré lui, deux fois ſauvé la vie;
Né, nourri loin de moi, chez mes fiers ennemis.

ANTOINE.

Brutus! Il ſe pourroit....

CESAR.

Ne m'en crois pas. Tiens, lis.

ANTOINE.

Quoi! la Sœur de Caton! la fiere Servilie!

CESAR.

Par un himen ſecret elle me fut unie.
Ce farouche Caton, dans nos premiers débats,
La fit preſque à mes yeux paſſer en d'autres bras:
Mais le jour qui forma ſon ſecond himenée,
De ſon nouvel Epoux trancha la deſtinée.
Sous le nom de Brutus mon fils fut élevé.
Pour me haïr, ô Ciel! étoit-il réſervé!
Mais lis, tu ſçauras tout par cet écrit funeſte.

ANTOINE. *Il lit.*

Cesar, je vais mourir. La colere celeste
Va finir à la fois ma vie & mon amour.
Souviens-toi qu'à Brutus Cesar donna le jour.
Adieu. Puisse ce fils retrouver dans son Pere
L'amitié qu'en mourant te conservoit sa mere.

SERVILIE.

Ah ! faut-il que du sort la tirannique loi,
Cesar, te donne un fils si peu semblable à toi !

CESAR.

Il a d'autres vertus, son superbe courage
Flâte en secret le mien, même alors qu'il l'outrage.
Il m'irrite, il me plaît. Son cœur indépendant
Sur mes sens étonnés prend un fier ascendant.
Sa fermeté m'impose, & je l'excuse même
De condamner en moi l'autorité suprême.
Soit qu'étant homme & pere, un charme séducteur
L'excusant à mes yeux, me trompe en sa faveur ;
Soit qu'étant né Romain, la voix de ma patrie,
Me parle malgré moi, contre ma tirannie,

Et que la liberté que je viens d'opprimer,
Plus forte encor que moi me condamne à l'aimer.
Te dirai-je encor plus? si Brutus me doit l'être,
S'il est fils de Cesar, il doit haïr un maître.
J'ai pensé comme lui dès mes plus jeunes ans,
J'ai détesté Silla, j'ai haï les Tyrans.
J'eusse été citoyen, si l'orgueilleux Pompée
N'eût voulu m'opprimer sous sa gloire usurpée,
Né pour l'ambition, mais né pour les vertus,
Si je n'étois Cesar, j'aurois été Brutus.
Tout homme à son état doit plier son courage.
Brutus tiendra bien-tôt un différent langage,
Quand il aura connu de quel sang il est né;
Crois-moi, le Diadême à son front destiné
Adoucira dans lui sa rudesse importune,
Il changera de mœurs, en changeant de fortune.
La nature, le sang, mes bienfaits, tes avis,
Le devoir, l'interêt, tout me rendra mon fils.

ANTOINE.

J'en doute. Je connois sa fermeté farouche,
La secte dont il est n'admet rien qui la touche.

Cette secte intraitable, & qui fait vanité
D'endurcir les esprits contre l'humanité,
Qui dompte & foule aux pieds la nature irritée,
Parle seule à Brutus, & seule est écoutée.
Ces préjugez affreux, qu'ils appellent devoir,
Ont sur ces cœurs de bronze un absolu pouvoir.
Caton même, Caton ce malheureux Stoïque,
Ce héros forcené, la victime d'Utique,
Qui fuyant un pardon qui l'eût humilié,
Préfera la mort même à la tendre amitié;
Caton fut moins altier, moins dur, & moins à craindre,
Que l'ingrat qu'à t'aimer ta bonté veut contraindre.

CESAR.

Cher ami, de quels coups tu viens de me fraper!
Que m'as-tu dit!

ANTOINE.

Je t'aime, & ne te puis tromper.

CESAR.

Le tems amollit tout.

ANTOINE.

Mon cœur en déſeſpere.

CESAR.

Quoi, ſa haine ! . . . .

ANTOINE.

Crois-moi.

CESAR.

N'importe, je ſuis Pere.
J'ai chéri, j'ai ſauvé mes plus grands ennemis.
Je veux me faire aimer de Rome & de mon fils,
Et conquerant des cœurs vaincus par ma clemence,
Voir la terre & Brutus adorer ma puiſſance.
C'eſt à toi de m'aider dans de ſi grands deſſeins.
Tu m'as prêté ton bras pour dompter les humains,
Dompte aujourd'hui Brutus, adoucis ſon courage;
Prépare par degrez cette vertu ſauvage
Au ſecret important qu'il lui faut reveler,
Et dont mon cœur encore héſite à lui parler.

ANTOINE.

Je ferai tout pour toi : mais j'ai peu d'eſperance.

SCENE II.

CESAR, ANTOINE, DOLABELLA.

DOLABELLA.

DEja les Senateurs attendent audience.
Cesar a commandé qu'ils se rendent ici.

CESAR.

Ils ont tardé long-tems.... qu'ils entrent?

ANTOINE.

Les voici.
Que je lis sur leur front de dépit & de haine!

SCENE III.

CESAR, ANTOINE, BRUTUS, CASSIUS, CIMBER, DECIMUS, DOLABELLA, CINNA, CASCA, LICTEURS.

CESAR *assis.*

VEnez dignes soutiens de la grandeur Romaine,
Compagnons de Cesar. Approchez Cassius.

Cimber, Cinna, Decime, & toi mon cher Brutus.
Enfin voici le tems, ſi le Ciel me ſeconde,
Où je vais achever la conquête du monde,
Et voir dans l'Orient le Trône de Cyrus
Satisfaire, en tombant, aux mânes de Craſſus.
Il eſt tems d'ajoûter par les droits de la guerre
Ce qui manque aux Romains des trois parts de la terre.
Tout eſt prêt, tout prévû pour ce vaſte deſſein.
L'Euphrate attend Ceſar, & je pars dès demain;
Brutus & Caſſius me ſuivront en Aſie.
Antoine retiendra la Gaule, & l'Italie.
De la mer Atlantique, & des bords du Betis,
Cimber gouvernera les Rois aſſujettis.
Je donne à Decimus la Grèce, & la Licie;
A Marcellus le Pont, à Caſca la Sirie.
Ayant ainſi réglé le ſort des Nations,
Et laiſſant Rome heureuſe & ſans diviſions,
Il ne reſte au Sénat, qu'à juger ſous quel titre
De Rome & des humains je dois être l'arbitre.
Silla fut honoré du nom de Dictateur,

Marius fut Conſul, & Pompée Empereur.
J'ai vaincu le dernier, & c'eſt aſſés vous dire,
Qu'il faut un nouveau nom pour un nouvel Empire;
Un nom plus grand, plus ſaint, moins ſujet aux revers,
Trop long-tems craint dans Rome, & cher à l'univers.
Un bruit trop confirmé ſe répand ſur la terre,
Qu'en vain Rome aux Perſans oſe faire la guerre;
Qu'un Roi ſeul peut les vaincre, & leur donner la loi:
Ceſar va l'entreprendre, & Ceſar n'eſt pas Roi.
Il n'eſt qu'un citoyen fameux par ſes ſervices,
Qui peut du peuple encore eſſuyer les caprices.
Romains vous m'entendez, vous ſavez mon eſpoir,
Songez à mes bienfaits, ſongez à mon pouvoir.

CIMBER.

Ceſar, il faut parler; ces Sceptres, ces Couronnes,
Ce fruit de nos travaux, l'univers que tu donnes,
Ne ſont point des bienfaits dont nos cœurs ſoient épris.

Reprens tes dons, Cesar, ils ſont à trop haut prix.
Marius, ni Silla, ni Carbon, ni Pompée
Dans leur autorité ſur le peuple uſurpée,
N'ont jamais prétendu diſpoſer à leur choix
Des conquêtes de Rome, & nous parler en Rois.
Nous avons attendu de ta clemence auguſte
Un don plus précieux, une faveur plus juſte,
Au-deſſus des Etats donnés par ta bonté....

CESAR.

Qu'oſes-tu demander, Cimber?

CIMBER.

La liberté.

CASSIUS.

Tu nous l'avois promiſe, & tu juras toi-même
D'abolir pour jamais l'autorité ſuprême;
Et je croyois toucher à ce moment heureux,
Où le vainqueur du monde alloit combler nos vœux:
Fumante de ſon ſang, captive, déſolée,
Rome dans cet eſpoir renaiſſoit conſolée.
Avant que d'être à toi, nous ſommes ſes enfans;

Je ſonge à ton pouvoir, mais ſonge à tes ſermens.

BRUTUS.

Oüi, que Ceſar ſoit grand, mais que Rome ſoit
libre,
Dieux! maîtreſſe de l'Inde, eſclave au bord du
Tibre,
Qu'importe que ſon nom commande à l'univers,
Et qu'on la traite en Reine, alors qu'elle eſt aux
fers?
Qu'importe à ma patrie, aux Romains que tu braves,
D'apprendre que Céſar a de nouveaux eſclaves?
Les Perſans ne ſont point nos plus fiers ennemis;
Il en eſt de plus grands, je n'ai pas d'autre avis.

CESAR.

Et toi Brutus auſſi?

ANTOINE *à Ceſar.*

Tu connois leur audace:
Voi ſi ces cœurs ingrats ſont dignes de leur grace.

CESAR *ſe leve.*

Ainſi vous voulez donc par vos témérités

Tenter ma patience, & laſſer mes bontés,
Vous qui m'appartenez par le droit de l'épée,
Rampans ſous Marius, eſclaves de Pompée;
Vous qui ne reſpirés, qu'autant que mon couroux
Retenu trop long-tems s'arrête encor ſur vous;
Républicains ingrats, qu'enhardit ma clemence,
Vous qui devant Silla garderiés le ſilence;
Vous que ma bonté ſeule invite à m'outrager,
Sans craindre que Ceſar s'abaiſſe à ſe venger.
Voilà ce qui vous donne une ame aſſez hardie,
Pour oſer me parler de Rome & de Patrie,
Pour affecter ici cette illuſtre hauteur,
Et ces fiers ſentimens devant votre vainqueur.
Il la falloit avoir aux Plaines de Pharſale;
La fortune entre nous devient trop inégale.
Si vous n'avés ſçû vaincre, apprenés à ſervir,

BRUTUS.

Ceſar, aucun de nous n'apprendra qu'à mourir.
Nul ne m'en déſavouë, & nul en Theſſalie
N'avilit ſon courage à demander la vie.
Tu nous laiſſas le jour, mais pour nous aſſervir,
Et

Et nous le déteſtons, s'il te faut obéïr.
Ceſar qu'à ta colere aucun de nous n'échape :
Commence ici par moi : ſi tu veux régner, frape.

CESAR.

Les Sénateurs ſortent.

Demeure... & vous ſortez. Brutus m'oſe offenſer!
Mais ſçais-tu de quels traits tu viens de me fraper?
Va, Ceſar eſt bien loin d'en vouloir à ta vie,
Laiſſe-là du Sénat l'indiſcrette furie.
Demeure. C'eſt toi ſeul qui peus me déſarmer;
Demeure. C'eſt toi ſeul que Ceſar veut aimer.

BRUTUS.

Tout mon ſang eſt à toi, ſi tu tiens ta promeſſe.
Si tu n'es qu'un Tiran, j'abhorre ta tendreſſe;
Et ne peux demeurer avec Antoine & toi,
Puiſqu'il n'eſt plus Romain & qu'il demande un Roi.

SCENE IV.

CESAR, ANTOINE.

ANTOINE.

EH bien, t'ai-je trompé? crois-tu que la nature
Puisse amollir une ame, & si fiere, & si dure?
Laisse, laisse à jamais dans son obscurité
Ce secret malheureux qui pese à ta bonté.
Que de Rome, s'il veut, il déplore la chûte:
Mais qu'il ignore au moins quel sang il persécute.
Il ne mérite pas de te devoir le jour.
Ingrat à tes bontés, ingrat à ton amour,
abandonne ce Fils.

CESAR.

Je ne le puis, je l'aime.

ANTOINE.

Ah! cesse donc d'aimer l'orguëil du Diadême.
Descends donc de ce rang où je te vois monté.
La bonté convient mal à ton autorité.
De ta grandeur naissante elle détruit l'ouvrage.

Quoi, Rome est sous tes Loix, & Cassius t'outrage!
Quoi Cimber! quoi Cinna! ces obscurs Sénateurs
Aux yeux du Roy du Monde affectent ces hauteurs!
Ils bravent ta puissance, & ces vaincus respirent!

CESAR.

Ils sont nés mes égaux; mes armes les vainquirent,
Et trop au-dessus d'eux, je leur puis pardonner
De fremir sous le joug que je leur veux donner.

ANTOINE.

Marius de leur sang eût été moins avare,
Silla les eût punis.

CESAR.

Silla fut un Barbare,
Il n'a sçû qu'opprimer. Le meurtre & la fureur
Faisoient sa politique, ainsi que sa grandeur;
Il a gouverné Rome au milieu des supplices:
Il en étoit l'effroi, j'en serai les délices.
Je sçais quel est le peuple, on le change en un jour:
Il prodigue aisément sa haine & son amour.
Si ma grandeur l'aigrit, ma clemence l'attire.
Un pardon politique à qui ne peut me nuire,

Dans mes chaînes qu'il porte, un air de liberté
A ramené vers moi sa foible volonté.
Il faut couvrir de fleurs l'abîme où je l'entraîne,
Flater encor ce Tigre à l'instant qu'on l'enchaîne,
Lui plaire en l'accablant, l'asservir, le charmer,
Et punir mes Rivaux en me faisant aimer.

ANTOINE.

Il faudroit être craint : c'est ainsi que l'on régne.

CESAR.

Va, ce n'est qu'aux combats que je veux qu'on
me craigne.

ANTOINE.

Le peuple abusera de ta facilité.

CESAR.

Le peuple a jusqu'ici consacré ma bonté.
Vois ce temple que Rome éleve à ma clemence.

ANTOINE.

Crains qu'elle n'en éleve un autre à la vengeance.
Crains des cœurs ulcerés, nourris de désespoir,
Idolâtres de Rome, & cruels par devoir.
Cassius allarmé prévoit qu'en ce jour même

Ma main doit ſur ton front mettre le Diadême.
Déja même à tes yeux on oſe murmurer,
Des plus impétueux tu devrois t'aſſurer.
A prévenir leurs coups daigne au moins te contraindre

CESAR.

Je les aurois punis, ſi je les pouvois craindre.
Ne me conſeille point de me faire haïr.
Je ſçais combattre, vaincre, & ne ſçais point punir.
Allons, & n'écoutant ni ſoupçon, ni vengeance,
Sur l'univers ſoumis régnons ſans violence.

Fin du premier Acte.

ACTE II.

SCENE PREMIERE.

BRUTUS, ANTOINE, DOLABELLA.

ANTOINE.

CE superbe refus, cette animosité,
Marquent moins de vertu, que de férocité;
Les bontés de Cesar, & sur-tout sa puissance,
Méritoient plus d'égards & plus de complaisance,
A lui parler du moins vous pouriez consentir.
Vous ne connoissez pas qui vous osez haïr,
Et vous en frémiriez, si vous pouviez aprendre...

BRUTUS.

Ah! j'en frémis déja, mais c'est de vous entendre.
Ennemi des Romains que vous avez vendus,
Pensez-vous ou tromper, ou corrompre Brutus?
Allez ramper sans moi, sous la main qui vous brave.
Je sçais tous vos desseins, vous brûlez d'être esclave.

Vous voulez un Monarque, & vous êtes Romain!

ANTOINE.

Je suis ami, Brutus, & porte un cœur humain.
Je ne recherche point une vertu plus rare:
Tu veux être un Héros, mais tu n'es qu'un Barbare,
Et ton farouche orgueil que rien ne peut fléchir
Embrasse la vertu, pour la faire haïr.

SCENE II.

BRUTUS.

QUelle bassesse, ô Ciel! & quelle ignominie!
Voilà donc les soutiens de ma triste Patrie!
Voilà vos successeurs, Horace, Decius,
Et toi, vengeur des Loix, toi mon sang, toi Brutus.
Quels restes, justes Dieux, de la grandeur Romaine!
Chacun baise en tremblant la main qui nous enchaîne!
Cesar nous a ravi jusques à nos vertus,
Et je cherche ici Rome, & ne la trouve plus.

Vous que j'ai vû périr, vous immortels courages,
Héros, dont en pleurant j'aperçois les images,
Famille de Pompée, & toi divin Caton,
Toi dernier des Héros du ſang de Scipion:
Vous ranimez en moi ces vives étincelles
Des vertus dont brilloient vos ames immortelles;
Vous vivez dans Brutus, vous mettez dans mon ſein
Tout l'honneur qu'un Tiran ravit au nom Romain.

Il s'approche de la Statue de Pompée.

Que vois-je, grand Pompée, au pied de ta Statue?
Quel Billet ſous mon nom ſe préſente à ma vûe?
Liſons. *Tu dors, Brutus, & Rome eſt dans les fers!*
Rome, mes yeux ſur toi ſeront toûjours ouverts.
Ne me reproche point des chaînes que j'abhorre.
Mais quel autre Billet à mes yeux s'offre encore?
Non, tu n'es pas Brutus. Ah! reproche cruel!
Ceſar! tremble Tiran: voilà ton coup mortel.
Non, tu n'es pas Brutus. Je le ſuis, je veux l'être.
Je périrai, Romains, ou vous ſerez ſans Maître.

Je vois que Rome encore a des cœurs vertueux.
On demande un vengeur, on a ſur moi les yeux :
On excite cette ame, & cette main trop lente :
On demande du ſang ... Rome ſera contente.

SCENE III.

BRUTUS, CASSIUS, CINNA, CASCA, DECIMUS. *Suite.*

CASSIUS.

JE t'embraſſe, Brutus, pour la derniere fois :
Amis, il faut tomber dans la chûte des Loix.
De Céſar déſormais je n'attends plus de grace,
Il ſçait mes ſentimens, il connoît mon audace.
Notre ame incorruptible étonne ſes deſſeins ;
Il va perdre dans nous les derniers des Romains.
C'en eſt fait, mes amis, il n'eſt plus de Patrie,
Plus d'honneur, plus de Loix ! Rome eſt anéantie.
De l'Univers & d'elle il triomphe aujourd'hui.
Nos imprudens Ayeux n'ont vaincu que pour lui.
Ces dépoüilles des Rois, ce Sceptre de la Terre,

Six cens ans de vertus, de travaux & de Guerre,
Cesar joüit de tout; & dévore le fruit
Que six siécles de gloire à peine avoient produit!
Ah! Brutus, es-tu né pour servir sous un Maître?
La liberté n'est plus.

BRUTUS.

Elle est prête à renaître.

CASSIUS.

Que dis-tu? Mais quel bruit vient fraper mes esprits?

BRUTUS.

Laisse-là ce vil peuple, & ses indignes cris.

CASSIUS.

La liberté, dis-tu?....mais quoi.....le bruit redouble,

SCENE IV.

BRUTUS, CASSIUS, CIMBER, DECIMUS, CASCA, CINNA.

CASSIUS.

AH! Cimber, est-ce toi? quel est ce nouveau trouble?

DECIMUS.

Trame-t-on contre Rome un nouvel attentat ?
Qu'à-t-on fait ? qu'as-tu vû ?

CIMBER.

La honte de l'État.
Cesar étoit au Temple, & cette fiere Idole
Sembloit être le Dieu qui tonne au Capitole.
C'est-là qu'il annonçoit son superbe dessein
D'aller joindre la Perse à l'Empire Romain.
On lui donnoit les noms de Foudre de la Guerre,
De Vengeur des Romains, de Vainqueur de la Terre.
Mais parmi tant d'éclat, son orgueil imprudent
Vouloit un autre titre, & n'étoit pas content.
Enfin, parmi ces cris, & ces chants d'allegresse,
Du peuple qui l'entoure, Antoine fend la presse :
Il entre : ô honte ! ô crime indigne d'un Romain !
Il entre, la Couronne, & le Sceptre à la main !
On se tait, on frémit : lui, sans que rien l'étonne,
Sur le front de Cesar attache la Couronne ;
Et soudain, devant lui, se mettant à genoux ;
Cesar, régne, dit-il, sur la Terre, & sur nous.

Des Romains, à ces mots, les visages pâlissent,
De leurs cris douloureux les voutes retentissent.
J'ai vû des Citoyens s'enfuir avec horreur,
D'autres rougir de honte & pleurer de fureur.
Cesar, qui cependant lisoit sur leur visage,
De l'indignation, l'éclatant témoignage,
Feignant des sentimens long-tems étudiés,
Jette & Sceptre & Couronne, & les foule à ses pieds.
Alors tout se croit libre, alors tout est en proye
Au fol enyvrement d'une indiscrete joye.
Antoine est allarmé : Cesar feint & rougit ;
Plus il céle son trouble, & plus on l'applaudit.
La modération sert de voile à son crime :
Il affecte à regret un refus magnanime :
Mais, malgré ses efforts, il frémissoit tout bas,
Qu'on applaudît en lui les vertus qu'il n'a pas.
Enfin ne pouvant plus retenir sa colere,
Il sort du Capitole avec un front sévére.
Il veut que dans une heure on s'assemble au Senat.
Dans une heure, Brutus, Cesar change l'Etat.

De ce Senat ſacré la moitié corrompue,
Ayant acheté Rome, à Ceſar l'a vendue,
Plus lâche que ce Peuple, à qui dans ſon malheur
Le nom de Roi du moins fait encor quelque horreur.
Ceſar déja trop Roi veut encor la Couronne:
Le Peuple la refuſe, & le Senat la donne;
Que faut-il faire enfin, Héros qui m'écoutés?

CASSIUS.

Mourir, finir des jours dans l'opprobre comptés.
J'ai traîné les liens de mon indigne vie,
Tant qu'un peu d'eſperance a flaté ma Patrie.
Voici ſon dernier jour, & du moins Caſſius
Ne doit plus reſpirer, lorſque l'Etat n'eſt plus.
Pleure qui voudra Rome, & lui reſte fidele;
Je ne peux la venger, mais j'expire avec elle.
Je vais où ſont nos Dieux... Pompée & Scipion.

En regardant leurs Statues.

Il eſt tems de vous ſuivre, & d'imiter Caton.

BRUTUS.

Non, n'imitons perſonne, & ſervons tous d'exemple:

C'est nous, braves amis, que l'Univers contemple;
C'est à nous de répondre à l'admiration
Que Rome en expirant conserve à nôtre nom.
Si Caton m'avoit crû, plus juste en sa furie,
Sur Cesar expirant il eût perdu la vie.
Mais il tourna sur lui ses innocentes mains;
Sa mort fut inutile au bonheur des humains:
Faisant tout pour la gloire, il ne fit rien pour
Rome;
Et c'est la seule faute où tomba ce grand homme.

DECIMUS.

Que veux-tu donc qu'on fasse en un tel désespoir?

BRUTUS.

Voilà ce qu'on m'écrit, voilà notre devoir.

CASSIUS.

On m'en écrit autant, j'ai reçu ce reproche.

BRUTUS.

C'est trop le mériter.

CIMBER.

L'heure fatale approche.
Dans une heure Cesar détruit le nom Romain.

BRUTUS.

Dans une heure à Cesar, il faut percer le sein.

CASSIUS.

Ah! je te reconnois à cette noble audace.

CIMBER.

Ennemi des Tirans, & digne de ta race,
Voilà les sentimens que j'avois dans mon cœur.

CASSIUS.

Tu me rends à moi-même & je t'en dois l'honneur.
C'est-là ce qu'attendoient ma haine & ma colere,
De la mâle vertu qui fait ton caractere.
C'est Rome qui t'inspire en des desseins si grands;
Ton nom seul est l'Arrêt de la mort des Tirans.
Layons, mon cher Brutus, l'opprobre de la Terre,
Vengeons ce Capitole au-deffaut du Tonnere.
Toi Cimber, toi Cinna, vous Romains indomptés,
Avez-vous une autre ame, & d'autres volontés?

CIMBER.

Nous pensons comme toi: nous méprisons la vie:
Nous déteftons Cesar, nous aimons la Patrie;
Nous la vengerons tous: Brutus & Cassius,

De quiconque eſt Romain raniment les vertus.
Admettrons-nous quelqu'autre à ces honneurs ſuprêmes ?

BRUTUS.

Pour venger la Patrie, il ſuffit de nous-mêmes,
Dolabella, Lepide, Emile, Bibulus,
Ou tremblent ſous Ceſar, ou bien lui ſont vendus.
Ciceron, qui d'un Traître a puni l'inſolence,
Ne ſert la liberté que par ſon éloquence ;
Hardi dans le Sénat, foible dans le danger,
Fait pour haranguer Rome, & non pour la venger.
Laiſſons à l'Orateur, qui charme la Patrie,
Le ſoin de nous loüer, quand nous l'aurons ſervie.
Non, ce n'eſt qu'avec vous que je veux partager
Cet immortel honneur, & ce preſſant danger.
Dans une heure au Sénat le Tiran doit ſe rendre,
Là je le punirai, là je le veux ſurprendre :
Là je veux que ce fer enfoncé dans ſon ſein,
Venge Caton, Pompée, & le peuple Romain.
C'eſt hazarder beaucoup. Ses ardens Satellites
Par-tout du Capitole occupent les limites.

Ce Peuple mou, volage & facile à fléchir,
Ne ſçait s'il doit encor l'aimer ou le haïr.
Notre mort, mes amis, paroît inévitable :
Mais qu'une telle mort eſt noble & déſirable !
Qu'il eſt beau de périr dans des deſſeins ſi grands !
De voir couler ſon ſang dans le ſang des Tirans !
Qu'avec plaiſir alors on voit ſa derniere heure !
Mourons, braves amis, pourvû que Ceſar meure,
Et que la liberté qu'oppriment ſes forfaits
Renaiſſe de ſa cendre, & revive à jamais.

CASSIUS.

Ne balançons donc plus, courons au Capitole ;
C'eſt-là qu'il nous opprime, & qu'il faut qu'on l'immole.
Ne craignons rien du Peuple, il ſemble encor douter :
Mais ſi l'Idole tombe, il va la déteſter.

BRUTUS.

Jurez donc avec moi, jurez ſur cette épée,
Par le ſang de Caton, par celui de Pompée,
Par les Mânes ſacrés de tous ces vrais Romains

Qui dans les champs d'Afrique ont fini leurs
destins:
Jurez par tous les Dieux vengeurs de la Patrie,
Que Cesar sous vos coups va terminer sa vie.

CASSIUS.

Faisons plus, mes amis, jurons d'exterminer
Quiconque ainsi que lui prétendra gouverner;
Fussent nos propres fils, nos freres, ou nos peres.
S'ils sont Tirans, Brutus, ils sont nos adversaires.
Un vrai Républicain n'a pour pere, & pour fils,
Que la vertu, les Dieux, les Loix de son Pays.

BRUTUS.

Oui, j'unis pour jamais mon sang avec le vôtre.
Tous dès ce moment même, adoptés l'un par l'autre
Le salut & l'Etat nous a rendus parens,
Scellons notre union du sang de nos Tirans.

Il s'avance vers la Statue de Pompée.

Nous le jurons par vous, Héros, dont les images
A ce pressant devoir excitent nos courages.
Nous promettons, Pompée, à tes sacrés genoux
De faire tout pour Rome, & jamais rien pour nous,

D'être unis pour l'Etat, qui dans nous se rassemble,
De vivre, de combattre, & de mourir ensemble.
Allons, préparons-nous, c'est trop nous arrêter.

SCENE V.

CESAR, BRUTUS.

CESAR.

DEmeure. C'est ici que tu dois m'écouter.
ù vas-tu malheureux ?

BRUTUS.

Loin de la tirannie.

CESAR.

ictеurs qu'on le retienne.

BRUTUS.

Acheve, & prens ma vie.

CESAR.

rutus, si ma colere en vouloit à tes jours,
e n'aurois qu'à parler, j'aurois fini leur cours ;
u l'as trop mérité. Ta fiere ingratitude
e fait de m'offenser une farouche étude.

Je te retrouve encore avec ceux des Romains
Dont j'ai plus ſoupçonné les perfides deſſeins;
Avec ceux qui tantôt ont oſé me déplaire,
Ont blâmé ma conduite, ont bravé ma colere.

BRUTUS.

Ils parloient en Romains, Ceſar, & leurs avis,
Si les Dieux t'inſpiroient, ſeroient encor ſuivis.

CESAR.

Je ſouffre ton audace, & conſens à t'entendre.
De mon rang avec toi je me plais à deſcendre.
Que me reproches-tu?

BRUTUS.

Le Monde ravagé,
Le ſang des Nations, ton Pays ſaccagé,
Ton pouvoir, tes vertus qui font tes injuſtices,
Qui de tes attentats ſont en toi les complices,
Ta funeſte bonté, qui fait aimer tes fers,
Et qui n'eſt qu'un apas pour tromper l'Univers.

CESAR.

Ah! c'eſt ce qu'il falloit reprocher à Pompée.
Par ſa feinte vertu la tienne fut trompée.

Ce Citoyen ſuperbe, à Rome plus fatal,
N'a pas même voulu Ceſar pour ſon égal.
Crois-tu, s'il m'eût vaincu, que cette ame hautaine
Eût laiſſé reſpirer la liberté Romaine ?
Ah ! ſous un joug de fer il t'auroit accablé.
Qu'eût fait Brutus alors ?

BRUTUS.

Brutus l'eût immolé.

CESAR.

Voilà donc ce qu'enfin ton grand cœur me deſtine ?
Tu ne t'en défens point, tu vis pour ma ruine.

BRUTUS.

Si tu le crois ainſi, préviens donc ma fureur.
Qui peut te retenir ?

CESAR. *Il lui préſente la Lettre de Servilie.*

La nature, & mon cœur.
Lis, ingrat, lis, connois le ſang que tu m'oppoſes;
Vois qui tu peux haïr, & pourſuis ſi tu l'oſes.

BRUTUS.

Où ſuis-je ? qu'ai-je lû ? me trompez-vous mes yeux ?

CESAR.

Eh bien Brutus ? mon fils !

BRUTUS.

Lui, mon Pere ! grands Dieux !

CESAR.

Oui, je le ſuis, ingrat. Quel ſilence farouche !
Que dis-je ? Quels ſanglots échapent de ta bouche ?
Mon fils ..... quoi, je te tiens muet entre mes bras ?
La nature t'étonne & ne t'attendrit pas ?

BRUTUS.

O ſort épouvantable, & qui me déſeſpere !
O ſermens ! ô Patrie ! ô Rome toûjours chere !
Ceſar ! ... ah ! malheureux j'ai trop long-tems vécu !

CESAR.

Parle. Quoi d'un remors ton cœur eſt combattu ?
Ne me déguiſe rien. Tu gardes le ſilence ?
Tu crains d'être mon fils, ce nom ſacré t'offenſe.
Tu crains de me chérir, de partager mon rang ;
C'eſt un malheur pour toi d'être né de mon ſang.

Ah ! ce Sceptre du Monde, & ce pouvoir suprême...
Ce Cesar que tu hais, les vouloit pour toi-même.
Je voulois partager avec Octave & toi
Le prix de cent combats, & le titre de Roi.

BRUTUS.

Ah ! Dieux !

CESAR.

Tu veux parler, & te retiens à peine.
Ces transports sont-ils donc de tendresse ou de haine ?
Quel est donc le secret qui semble t'accabler ?

BRUTUS.

Cesar...

CESAR.

Eh bien, mon fils.

BRUTUS.

Je ne puis lui parler.

CESAR.

Tu n'oses me nommer du tendre nom de Pere.

BRUTUS.

Si tu l'es, je te fais une unique priere.

CESAR.

Parle, en te l'accordant, je croirai tout gagner.

BRUTUS.

Fais-moi mourir ſur l'heure, ou ceſſe de régner.

CESAR.

Ah! Barbare ennemi, Tigre que je careſſe,
Ah! cœur dénaturé qu'endurcit ma tendreſſe,
Va, tu n'es plus mon fils. Va, cruel Citoyen,
Mon cœur déſeſperé prend l'exemple du tien;
Ce cœur, à qui tu fais cette effroyable injure,
Sçaura bien comme toi vaincre enfin la nature.
Va, Ceſar n'eſt pas fait pour te prier envain.
J'aprendrai de Brutus à ceſſer d'être humain.
Je ne te connois plus. Libre dans ma puiſſance,
Je n'écouterai plus une injuſte clemence;
Tranquille, à mes fureurs je vais m'abandonner.
Mon cœur trop indulgent eſt las de pardonner.
J'imiterai Silla, mais dans ſes violences.
Vous tremblerez, ingrats, au bruit de mes vengeances.
Va, cruel, va trouver tes indignes amis.

Tous m'ont oſé déplaire, ils ſeront tous punis.
On ſçait ce que je puis, on verra ce que j'oſe:
Je deviendrai barbare, & toi ſeul en es cauſe.

BRUTUS.

Ah ! ne le quittons point dans ſes cruels deſſeins,
Et ſauvons, s'il ſe peut, Ceſar & les Romains.

Fin du ſecond Acte.

ACTE III.

SCENE PREMIERE.

CASSIUS, CIMBER, DECIMUS, CASCA, *Les Conjurés*

CASSIUS.

ENfin donc l'heure, approche où Rome va renaître,
La Maîtresse du Monde est aujourd'hui sans Maître,
L'honneur en est à vous, Cimber, Casca, Probus,
Decime, encore une heure, & le Tiran n'est plus,
Ce que n'ont pû Caton, & Pompée, & l'Asie,
Nous seuls l'executons, nous vengeons la Patrie;
Et je veux qu'en ce jour on dise à l'Univers:
Mortels respectez Rome, elle n'est plus aux fers.

CIMBER.

Tu vois tous nos amis, ils sont prêts à te suivre,
A fraper, à mourir, à vivre, s'il faut vivre,
A servir le Sénat dans l'un ou l'autre sort,

n donnant à Cesar ou recevant la mort.

DECIMUS.

ais d'où vient que Brutus ne paroît point encore?
ui, ce fier ennemi du Tiran qu'il abhorre,
ui qui prit nos sermens, qui nous rassembla tous;
ui qui doit sur Cesar porter les premiers coups
e Gendre de Caton tarde bien à paroître!
eroit-il arrêté? Cesar peut-il connoître?....
Iais le voici: Grands Dieux! qu'il paroît abbatu!

SCENE II.

ASSIUS, BRUTUS, CIMBER, CASCA, DECIME, CINNA, *Conjurés.*

CASSIUS.

Rutus, quelle infortune accable ta vertu?
e Tiran sçait-il tout? Rome est-elle trahie?

BRUTUS.

on, Cesar ne sçait point qu'on va trancher sa vie:
l se confie à vous.

CIMBER.

Qui peut donc te troubler?

BRUTUS.

Un malheur, un ſecret qui vous fera trembler.

CASSIUS.

De nous, ou du Tiran c'eſt la mort qui s'aprête.
Nous pouvons tous périr : mais trembler, nous,

BRUTUS.

Arrête !
Je vais t'épouvanter par ce ſecret affreux.
Je dois ſa mort à Rome, à vous, à nos neveux
Au bonheur des Mortels, & j'avois choiſi l'heure,
Le lieu, le bras, l'inſtant, où Rome veut qu'il meure ;
L'honneur du premier coup à mes mains eſt remis ;
Tout eſt prêt. Aprenez que Brutus eſt ſon fils.

CIMBER.

Toi ſon fils ?

CASSIUS.

De Ceſar ?

CIMBER.

O Rome !

BRUTUS.

Servilie
Par un himen ſecret à Ceſar fut unie :
Je ſuis de cet himen le fruit infortuné.

CIMBER.

Brutus, fils d'un Tiran !

CASSIUS.

Non, tu n'en es pas né ;
Ton cœur eſt trop Romain.

BRUTUS.

Ma honte eſt véritable :
Vous, amis, qui voyez le deſtin qui m'accable,
Vous, faits par mes ſermens les maîtres de mon ſort,
Eſt-il quelqu'un de vous d'un eſprit aſſez fort,
Aſſez Stoïque, aſſez au-deſſus du vulgaire,
Pour oſer décider ce que Brutus doit faire ?
Je m'en remets à vous. Quoi ! vous baiſſez les yeux ?
Toi Caſſius auſſi, tu te tais avec eux ?
Aucun ne me ſoutient au bord de cet abîme ?
Aucun ne m'encourage, ou ne m'arrache au crime ?
Tu frémis, Caſſius, & prompt à t'étonner ....

CASSIUS.

Je frémis du conſeil que je vais te donner.

BRUTUS.

Parle.

CASSIUS.

Si tu n'étois qu'un Citoyen vulgaire,
Je te dirois : Va, ſers ; ſois Tiran ſous ton Pere,
Ecraſe cet Etat que tu dois ſoutenir :
Rome aura déſormais deux Traitres à punir.
Mais je parle à Brutus, à ce puiſſant génie,
A ce Héros armé contre la tirannie,
Dont le cœur infléxible, au bien déterminé
Epura tout le ſang que Céſar t'a donné.
Ecoute, tu connois avec quelle furie,
Jadis Catilina menaça ſa Patrie.

BRUTUS.

Oui.

CASSIUS.

Si le même jour, que ce grand criminel
Dut à la liberté porter le coup mortel,
Si lorſque le Sénat eut condamné ce Traître

Catilina pour fils t'eût voulu reconnoître,
Entre ce monſtre & nous tout prêt à décider,
Parle : qu'aurois-tu fait ?

BRUTUS.

Peux-tu le demander ?
Penſes-tu qu'un inſtant ma vertu démentie
Eût mis dans la balance un homme & la Patrie ?

CASSIUS.

Brutus, par ce ſeul mot ton devoir eſt dicté.
C'eſt l'Arrêt du Sénat. Rome eſt en ſûreté.
Mais, dis, ſens-tu ce trouble & ce ſecret murmure
Qu'un ſentiment ſecret arrache à la nature ?
Un ſeul mot de Ceſar a-t'il éteint en toi
L'amour de ton Pays, ton devoir & ta foi ?
En diſant ce ſecret, ou faux ou véritable,
En t'avouant pour fils, en eſt-il moins coupable ?
En es-tu moins Brutus ? en es-tu moins Romain ?
Nous dois-tu moins ta vie, & ton cœur & ta main ?
Toi, ſon fils ! Rome enfin n'eſt-elle plus ta mere ?
Chacun des Conjurés n'eſt-il donc plus ton frere ?
Né dans nos murs ſacrés, nourri par Scipion,
Eleve de Pompée, adopté par Caton,

Ami de Caſſius, que veux-tu davantage ?
Ces titres ſont ſacrés, tout autre les outrage.
Qu'importe qu'un Tiran, vil eſclave d'amour
Ait ſéduit Servilie, & t'ait donné le jour ?
Laiſſe-là les erreurs & l'himen de ta mere,
Caton forma tes mœurs, Caton ſeul eſt ton Pere;
Tu lui dois ta vertu; ton ame eſt toute à lui.
Briſe l'indigne nœud que l'on t'offre aujourd'hui;
Qu'à nos ſermens communs ta fermeté réponde;
Et tu n'as de Parens que les Vengeurs du Monde.

BRUTUS.

Et vous, braves amis, parlez, que penſez-vous ?

CIMBER.

Juge de nous par lui, juge de lui par nous;
D'un autre ſentiment ſi nous étions capables,
Rome n'auroit point eu des enfans plus coupables.
Mais à d'autres qu'à toi, pourquoi t'en raporter ?
C'eſt ton cœur, c'eſt Brutus qu'il te faut conſulter.

BRUTUS.

Eh bien, à vos regards mon ame eſt dévoilée,
Liſez-y les horreurs dont elle eſt accablée.
Je ne vous céle rien: ce cœur s'eſt ébranlé;

De

De mes Stoïques yeux des larmes ont coulé.
Après l'affreux serment que vous m'avez vû faire.
Prêt à servir l'Etat, mais à tuer mon Pere.
Pleurant d'être son fils, honteux de ses bienfaits;
Admirant ses vertus, condamnant ses forfaits;
Voyant en lui mon Pere, un coupable, un grand homme,
Entraîné par Cesar, & retenu par Rome;
D'horreur & de pitié mes esprits déchirés
Ont souhaité la mort que vous lui préparés.
Je vous dirai bien plus, sçachez que je l'estime.
Son grand cœur me séduit au sein même du crime;
Et si sur les Romains quelqu'un pouvoit régner,
Il est le seul Tiran que l'on dût épargner.
Ne vous allarmés point: ce nom que je déteste,
Ce nom seul de Tiran l'emporte sur le reste.
Le Sénat, Rome, & vous, vous avez tous ma foi.
Le bien du Monde entier me parle contre un Roi.
J'embrasse avec horreur une vertu cruelle;
J'en frissonne à vos yeux, mais je vous suis fidéle.
Cesar me doit parler; que ne puis-je aujourd'hui

L'attendrir, le changer, ſauver l'Etat & lui !
Veuillent les Immortels s'expliquant par ma bouche,
Prêter à mon organe un pouvoir qui le touche !
Mais ſi je n'obtiens rien de cet ambitieux,
Levez le bras, frapez ; je détourne les yeux.
Je ne trahirai point mon Pays pour mon Pere ;
Que l'on approuve ou non ma fermeté ſévere,
Qu'à l'Univers ſurpris, cette grande action
Soit un ſujet d'horreur, ou d'admiration.
Mon eſprit peu jaloux de vivre en la mémoire
Ne conſidere point le reproche, ou la gloire ;
Toûjours indépendant & toûjours Citoyen,
Mon devoir me ſuffit, l'Univers ne m'eſt rien.
Allez, ne ſongez plus qu'à ſortir d'eſclavage.

CASSIUS.

Du ſalut de l'Etat ta parole eſt le gage.
Nous comptons tous ſur toi, comme ſi dans ces lieux
Nous entendions Caton, Rome même & nos Dieux.

SCENE III.

BRUTUS.

Oici donc le moment où Cesar va m'entendre.
oici ce Capitole où la mort va l'attendre.
pargnez-moi, grands Dieux, l'horreur de le haïr.
ieux arrêtés les bras levés pour le punir.
endez, s'il se peut, Rome à son grand cœur plus chere,
t faites qu'il soit juste, afin qu'il soit mon Pere.
e voici. Je demeure immobile, éperdu.
Mânes de Caton, soutenez ma vertu !

SCENE IV.

CESAR, BRUTUS.

CESAR.

Eh bien, que veux-tu ? Parle. As-tu le cœur
d'un homme ?
Es-tu fils de Cesar ?

BRUTUS.

Oui ; si tu l'es de Rome.

CESAR.

Républicain farouche, où vas-tu t'emporter ?
N'as-tu voulu me voir que pour mieux m'insulter ?
Quoi ! tandis que sur toi mes faveurs se répandent,
Que du Monde soumis les hommages t'attendent,
L'Empire, mes bontés, rien ne fléchit ton cœur.
De quel œil vois-tu donc le Sceptre ?

BRUTUS.

Avec horreur.

CESAR.

Je plains tes préjugés, je les excuse même.

Mais peux-tu me haïr?

BRUTUS.

Non, Cesar, & je t'aime;
Mon cœur par tes exploits fut pour toi prévenu,
Avant que pour ton sang tu m'eusses reconnu,
Je me suis plaint aux Dieux de voir qu'un si grand homme
Fût à la fois la gloire, & le fleau de Rome.
Je déteste Cesar avec le nom de Roi:
Mais Cesar Citoyen seroit un Dieu pour moi:
Je lui sacrifierois ma fortune & ma vie.

CESAR.

Que peux-tu donc haïr en moi?

BRUTUS.

La tirannie.
Daigne écouter les vœux, les larmes, les avis
De tous les vrais Romains, du Sénat, de ton fils.
Veux tu vivre en effet le premier de la Terre;
Joüir d'un droit plus saint, que celui de la Guerre,
Etre encore plus que Roi, plus même que Cesar?

CESAR.

Eh bien ?

BRUTUS.

Tu vois la Terre enchaînée à ton char.
Romps nos fers, ſois Romain, renonce au Diadême.

CESAR.

Ah! que propoſes-tu ?

BRUTUS.

Ce qu'a fait Silla même.
Long-tems dans notre ſang Silla s'étoit noyé,
Il rendit Rome libre, & tout fut oublié.
Cet aſſaſſin illuſtre entouré de victimes,
En deſcendant du Trône, effaça tous ſes crimes.
Tu n'eus point ſes fureurs, oſe avoir ſes vertus.
Ton cœur ſçut pardonner, Ceſar, fais encor plus.
Que ſervent déſormais les graces que tu donnes,
C'eſt à Rome, à l'Etat qu'il faut que tu pardonnes.
Alors plus qu'à ton rang nos cœurs te ſont ſoumis.
Alors tu ſçais régner, alors je ſuis ton fils.
Quoi! je te parle envain ?

CESAR.

Rome a besoin d'un Maître.
Un jour à tes dépens tu l'aprendras peut-être.
Tu vois nos Citoyens plus puissans que des Rois.
Nos mœurs changent, Brutus; il faut changer nos Loix.
La liberté n'est plus que le droit de se nuire.
Rome qui détruit tout semble enfin se détruire;
Ce Colosse effrayant dont le Monde est foulé,
En pressant l'Univers, est lui-même ébranlé.
Il panche vers sa chute, & contre la tempête
Il demande mon bras pour affermir sa tête:
Enfin depuis Silla nos antiques vertus,
Les Loix, Rome, l'Etat, sont des noms superflus.
Dans ces temps malheureux de discordes civiles,
Tu parles comme au tems des Deces, des Emiles.
Caton t'a trop séduit, mon cher Fils, je prévoi
Que ta triste vertu perdra l'Etat & toi.
Fais ceder, si tu peux, ta raison détrompée
Au Vainqueur de Caton, au Vainqueur de Pompée,
A ton Pere qui t'aime, & qui plaint ton erreur.

Sois mon fils en effet, Brutus, rends moi ton cœur,
Prens d'autres ſentimens, ma bonté t'en conjure.
Ne force point ton ame à vaincre la nature.
Tu ne me réponds rien ; tu détournes les yeux ?

BRUTUS.

Je ne me connois plus. Tonnés ſur moi grands
Dieux !
Ceſar....

CESAR.

Quoi ! tu t'émeus ? ton ame eſt amolie ?
Ah ! mon fils...

BRUTUS.

Sçais-tu qu'il y va de ta vie ?
Sçais-tu que le Sénat n'a point de vrai Romain
Qui n'aſpire en ſecret à te percer le ſein ?

Il ſe jette à genoux.

Que le ſalut de Rome, & que le tien te touche.
Ton Génie allarmé te parle par ma bouche :
Il me pouſſe, il me preſſe, il me jette à tes pieds.
Ceſar, au nom des Dieux dans ton cœur oubliés,
Au nom de tes vertus, de Rome, & de toi-même,
Dirai-je au nom d'un fils, qui frémit & qui t'aime,

Qui te préfere au Monde, & Rome seule à toi,
Ne me rebute pas.

CESAR.

Malheureux, laisse-moi.
Que me veux-tu ?

BRUTUS.

Crois-moi, ne soit point insensible.

CESAR.

L'Univers peut changer, mon ame est infléxible.

BRUTUS.

Voilà donc ta réponse ?

CESAR.

Oui, tout est résolu :
Rôme doit obéïr, quand Cesar a voulu.

BRUTUS *d'un air consterné.*

Adieu, Cesar.

CESAR.

Eh, quoi ! d'où viennent tes alarmes ?
Demeure encor mon fils. Quoi, tu verses des larmes ?
Quoi, Brutus peut pleurer ? est-ce d'avoir un Roi ?
Pleures-tu les Romains ?

BRUTUS.

Je ne pleure que toi.

Adieu, te dis-je.

CESAR.

O Rome ! ô rigueur héroïque !

Que ne puis-je à ce point aimer ma République !

SCENE V.

CESAR, DOLABELLA, ROMAINS.

DOLABELLA.

Le Sénat par ton ordre au Temple est arrivé.
On n'attend plus que toi : le Trône est élevé.
Tous ceux qui t'ont vendu leur vie, & leurs suffrages,
Vont, l'encens à la main, adorer tes Images.
J'amene devant toi la foule des Romains ;
Le Sénat va fixer leurs esprits incertains.
Mais si Cesar croyoit un vieux Soldat qui l'aime,
Ces présages affreux, nos Devins, nos Dieux même,

Cesar differeroit ce grand évenement.

CESAR.

Quoi! lorsqu'il faut régner, differer d'un moment!
Qui pourroit m'arrêter, moi?

DOLABELLA.

Toute la nature
Conspire à t'avertir par un sinistre augure.
Le Ciel qui fait les Rois redoute ton trépas.

CESAR.

Va; Cesar n'est qu'un homme, & je ne pense pas
Que le Ciel de mon sort à ce point s'inquiette:
Qu'il anime pour moi la nature muette,
Et que les Elemens paroissent confondus,
Pour qu'un mortel ici respire un jour de plus.
Les Dieux du haut du Ciel ont compté nos années,
Suivons sans reculer nos hautes destinées,
Cesar n'a rien à craindre.

DOLABELLA.

Il a des ennemis
Qui sous un joug nouveau sont à peine asservis:
Qui sçait s'ils n'auroient point conspiré leur vengeance?

CESAR.

Ils n'oseroient.

DOLABELLA.

Ton cœur a trop de confiance.

CESAR.

Tant de précautions contre mon jour fatal
Me rendroient méprisable, & me défendroient mal.

DOLABELLA.

Pour le salut de Rome il faut que Cesar vive.
Dans le Sénat au moins, permets que je te suive.

CESAR.

Non, pourquoi changer l'ordre entre nous concerté?
N'avançons point, ami, le moment arrêté:
Qui change ses desseins découvre sa foiblesse.

DOLABELLA.

Je te quitte à regret. Je crains, je le confesse;
Ce nouveau mouvement dans mon cœur est trop fort.

CESAR.

Va, j'aime mieux mourir, que de craindre la mort.
Allons.

SCENE VI.

DOLABELLA, ROMAINS.

DOLABELLA.

CHers Citoyens, quel Héros, quel courage,
De la Terre & de vous méritoit mieux l'hommage?
Joignez vos vœux aux miens, Peuples qui l'admirés,
Confirmés les honneurs qui lui sont préparés.
Vivez pour le servir, mourez pour le défendre...
Quelles clameurs, ô Ciel! quels cris se font entendre!

LES CONJURÉS *derriere le Théâtre.*

Meurs, expire, Tiran. Courage Cassius.

DOLABELLA.

Ah! courons le sauver.

SCENE VII.

CASSIUS *un poignard à la main.*
DOLABELLA, ROMAINS.

CASSIUS.

C'En eſt fait, il n'eſt plus.

DOLABELLA.

Peuples ſecondez-moi, frapons, perçons ce Traître.

CASSIUS.

Peuples, imitez-moi; vous n'avez plus de Maître;
Nations de Héros, Vainqueurs de l'Univers,
Vive la liberté, ma main briſe vos fers.

DOLABELLA.

Vous oubliez, Romains, le ſang de ce grand homme!

CASSIUS.

J'ai tué mon ami pour le ſalut de Rome.
Il vous aſſervit tous, ſon ſang eſt répandu.
Eſt-il quelqu'un de vous de ſi peu de vertu,
D'un eſprit ſi rampant, d'un ſi foible courage,

Qu'il puisse regretter Cesar, & l'esclavage ?
Quel est ce vil Romain qui veut avoir un Roi ?
S'il en est un, qu'il parle, & qu'il se plaigne à moi :
Mais vous m'applaudissez, vous aimez tous la gloire.

ROMAINS.

Cesar fut un Tiran, périsse sa mémoire.

CASSIUS.

Maîtres du Monde entier, de Rome heureux enfans,
Conservez à jamais ces nobles sentimens.
Je sçais que devant vous Antoine va paroître :
Amis, souvenez-vous que Cesar fut son Maître ;
Qu'il a servi sous lui dès ses plus jeunes ans
Dans l'école du crime & dans l'art des Tirans.
Il vient justifier son Maîrre & son Empire,
Il vous méprise assez pour penser vous séduire.
Sans doute il peut ici faire entendre sa voix ;
Telle est la Loi de Rome, & j'obéis aux Loix.
Le Peuple est désormais leur organe suprême,
Le Juge des Tirans, d'Antoine, de nous-même.

Vous rentrez dans vos droits indignement perdus.
Cesar vous les ravit, je vous les ai rendus;
Je les vais affermir, je cours au Capitole.
Brutus vous a vengé. Il m'attend, & j'y vole.
Je vais avec Brutus dans vos murs desolez,
Rapeller la Justice, & les Dieux éxilez,
Etouffer des méchans les fureurs intestines,
Et de la liberté réparer les ruines.
Vous Romains, seulement consentez d'être heureux.
Ne vous trahissez pas, c'est tout ce que je veux.
Rédoutés tout d'Antoine, & sur-tout l'artifice.....

ROMAINS.

S'il vous ose accuser, que lui-même il périsse.

CASSIUS.

Souvenez-vous Romains de vos sermens sacrez.

ROMAINS.

Au Vengeur de l'Etat nos cœurs sont assurez.

SCENE VIII.

ANTOINE, ROMAINS, DOLABELLA.

1. ROMAIN.

Mais Antoine paroît.

2. ROMAIN.

Qu'osera-t-il nous dire ?

3. ROMAIN.

Ses yeux versent des pleurs, il se trouble, il soupire.

1. ROMAIN.

Il aimoit trop Cesar.

ANTOINE *montant à la Tribune aux Harangues.*

Oui, je l'aimois Romains :
Oui, j'aurois de mes jours prolongé ses destins.
Helas ! vous avez tous pensé comme moi-même ;
Et lorsque de son front ôtant le Diadême,
Ce Heros à vos Loix s'immoloit aujourd'hui.
Qui de nous en effet n'eût expiré pour lui ?
Helas je ne viens point célébrer sa mémoire,

La voix du Monde entier parle assez de sa gloire,
Mais de mon désespoir ayez quelque pitié;
Et pardonnez du moins des pleurs à l'amitié.

UN ROMAIN.

Il les faloit verser, quand Rome avoit un Maître.
Cesar fut un Heros, mais Cesar fut un Traître.

Autre ROMAIN.

Puisqu'il étoit Tiran, il n'eut point de vertus,
Et nous avoüons tous Cassius & Brutus.

ANTOINE.

Contre ses meurtriers, je n'ai rien à vous dire,
C'est à servir l'Etat que leur grand cœur aspire,
De votre Dictateur ils ont percé le flanc:
Comblé de ses bienfaits ils sont teins de son sang.
Pour forcer des Romains à ce coup détestable,
Sans doute il falloit bien que Cesar fût coupable.
Je le crois, mais enfin Cesar a-t-il jamais
De son pouvoir sur vous appesanti le faix?
A-t-il gardé pour lui le fruit de ses conquêtes?
Des dépouilles du Monde il couronnoit vos têtes.

Tout l'or des Nations qui tomboient ſous ſes coups,
Tout le prix de ſon ſang fut prodigué pour vous.
De ſon Char de Triomphe il voyoit vos alarmes,
Lui-même en deſcendoit pour eſſuyer vos larmes.
Du Monde qu'il ſoumit, vous triomphiez en paix,
Puiſſans par ſon courage, heureux par ſes bienfaits,
Il payoit le ſervice, il pardonnoit l'outrage.
Vous le ſçavez, grands Dieux, vous dont il fut l'image.
Vous, Dieux, qui lui laiſſiez le Monde à gouverner,
Vous ſçavez ſi ſon cœur aimoit à pardonner.

ROMAINS.

Il eſt vrai que Ceſar fit aimer ſa clemence.

ANTOINE.

Helas! ſi ſa grande ame eût connu la vengeance,
Il vivroit, & ſa vie eût rempli nos ſouhaits.
Sur tous ſes meurtriers il verſa ſes bienfaits.
Deux fois à Caſſius il conſerva la vie.
Brutus..... où ſuis-je? ô Ciel, ô crime, ô barbarie!
Chers amis, je ſuccombe, & mes ſens interdits....

Brutus... ſon aſſaſſin.... ce monſtre étoit ſon fils.

ROMAINS.

Ah Dieux !

ANTOINE.

Je vois frémir vos généreux courages,
Amis je vois les pleurs, qui moüillent vos viſages.
Oui, Brutus eſt ſon fils. Mais vous qui m'écoutez
Vous étiez ſes enfans dans ſon cœur adoptez.
Helas ! ſi vous ſçaviez ſa volonté derniere.

ROMAINS.

Quelle eſt-elle ? Parlez.

ANTOINE.

Rome eſt ſon heritiere ;
Ses tréſors ſont vos biens. Vous en allez jouir,
Au-delà du tombeau Ceſar veut vous ſervir.
C'eſt vous ſeuls qu'il aimoit, c'eſt pour vous qu'en Aſie
Il alloit prodiguer ſa fortune & ſa vie.
O Romains, diſoit-il, Peuple Roi que je ſers,
Commandez à Ceſar, Ceſar à l'Univers.

Brutus, ou Caſſius eût-il fait davantage ?

ROMAINS.

Ah ! nous les déteſtons. Ce doute nous outrage.
Ceſar fut en effet le Pere de l'Etat.

ANTOINE.

Votre Pere n'eſt plus, un lâche aſſaſſinat
Vient de trancher ici les jours de ce grand homme,
L'honneur de la nature & la gloire de Rome.
Romains, priverez-vous des honneurs du bucher
Ce Pere, cet Ami qui vous étoit ſi cher ?
On l'aporte à vos yeux.

Le fond du Théâtre s'ouvre, des Licteurs aportent le corps de Ceſar couvert d'une Robe ſanglante ; Antoine deſcend de la Tribune, & ſe jette à genoux auprès du Corps.

ROMAINS.

O ſpectacle funeſte !

ANTOINE.

Du plus grand des humains voilà ce qui vous reſte.
Voilà ce Dieu vengeur idolâtré par vous ;

Que ſes aſſaſſins même adoroient à genoux,
Qui toûjours votre apui dans la paix, dans la guerre,
Une heure auparavant faiſoit trembler la terre;
Qui devoit enchaîner Babylône à ſon Char.
Amis, en cet état connoiſſez-vous Ceſar?
Vous les voyez, Romains, vous touchez ces bleſſures;
Ce ſang qu'ont ſous vos yeux verſé des mains parjures.
Là, Cimber l'a frapé, là, ſur le grand Ceſar
Caſſius & Decime enfonçoient leur poignard.
Là, Brutus éperdu, Brutus l'ame égarée,
A ſouillé dans ſes flancs ſa main dénaturée.
Ceſar le regardant d'un œil tranquille & doux,
Lui pardonnoit encore en tombant ſous ſes coups;
Il l'appelloit ſon fils; & ce nom cher & tendre
Eſt le ſeul qu'en mourant Ceſar ait fait entendre:
O mon fils! diſoit-il.

Un ROMAIN.

O monſtre, que les Dieux

Devoient exterminer avant ce coup affreux !

Autre ROMAIN *en regardant le Corps dont il eſt proche.*

Dieux ! ſon ſang coule encore.

ANTOINE.

Il demande vengeance :
Il l'attend de vos mains & de votre vaillance.
Entendez-vous ſa voix ? Reveillez-vous Romains ;
Marchez, ſuivez-moi tous contre ſes aſſaſſins.
Ce ſont-là les honneurs qu'à Ceſar on doit rendre,
Des brandons du bucher qui va le mettre en cendre,
Embrazons les Palais de ces fiers Conjurés,
Enfonçons dans leur ſein nos bras déſeſperés.
Venez, dignes amis, venez, vengeurs des crimes,
Au Dieu de la Patrie immoler ces Victimes ?

ROMAINS.

Oui, nous les punirons, oui, nous ſuivrons vos pas,
Nous jurons par ſon ſang de venger ſon trépas.
Courons.

ANTOINE *à Dolabella.*

Ne laiſſons pas leur fureur inutile,
Précipitons ce Peuple inconſtant & facile ;
Entraînons-le à la guerre, & ſans rien ménager,
Succedons à Ceſar, en courant le venger.

Fin du troiſiéme & dernier Acte.

www.ingramcontent.com/pod-product-compliance
Ingram Content Group UK Ltd.
Pitfield, Milton Keynes, MK11 3LW, UK
UKHW031924260826
14628UKWH00003B/1397

9 782011 851215